10 STEP

6단계

순종의 삶

순출판사
CCC 한국대학생선교회

6단계 순종의 삶

1985년 2월 28일 초판 발행
2013년 6월 24일 개정판 1쇄 발행
2024년 8월 9일 개정판 6쇄 발행

지 은 이 빌 브라이트
발 행 처 순출판사
감 수 교육 & 개발팀
디 자 인 아이엠크리에이티브
일러스트 아이엠크리에이티브
주 소 서울시 종로구 백석동 1가길 2-8
전 화 02)722-6931~2 팩 스 02)722-6933
인 터 넷 http://www.kccc.org
등록번호 제 2020-000159호

값 2,500원
ISBN 978-89-389-0268-9

책 내용과 관련된 문의는 한국대학생선교회_교육 & 개발팀 (02-397-6267)으로 문의 바랍니다.

CCC 10단계 성경교재

〈개정판〉

그리스도인은 날마다 영적으로 성장해야 합니다. 그리스도인이 성숙할수록 주님의 은혜를 더욱 풍성히 누리고 또 세상에서 주님을 위해 영향력 있는 삶을 살 수 있습니다.

CCC 10단계 성경교재〈개정판〉은 영적 성장에 필요한 하나님 말씀의 기본적이고 핵심적인 내용들을 담고 있습니다. 이 책을 공부하면 성경에 대한 지식과 중요한 교리뿐만 아니라 기독교 신앙의 광범위한 개관을 체계적으로 알 수 있으며 그리스도인의 삶의 특성과 그리스도인의 특권과 책임에 대해서도 배울 수 있습니다. 또한 나 자신의 영적 성장만 아니라 다른 사람을 그리스도에게 인도하거나 그의 믿음이 성장하도록 도울 수 있습니다.

이 교재는 중 · 고등학생에서부터 대학생과 성인, 모두가 사용할 수 있으며, 혼자서 공부할 수도 있고 그룹으로 함께 공부할 수 있는 주제별 성경공부 교재입니다.

CCC 10단계 성경교재〈개정판〉은 국제 CCC 창설자이신 고(故) 빌 브라이트 박사님의 지도하에 만들어진 책입니다. 책의 앞에 나오는 글은 빌 브라이트 박사가 하신 이야기입니다. 이 책은 본래 있던 교재를 다시 개정한 것입니다.

순(筍)

이새의 줄기에서 뻗어 나온 연한 순(筍)은 주님을 가리킨다(사 11:1; 53:1-12). 순은 가지에서부터 무한히 뻗는 동안 잎과 꽃과 열매를 맺는다. 순은 자신을 위해 있는 것이 아니라 숨어버리는 무한한 생명의 전달자요, 나룻배요, 어머니요, 수단이요, 기능일 뿐이다. 오늘도 CCC의 순(제자화를 위한 소그룹)은 이 땅에 '푸르고 푸른 그리스도의 계절'이 오도록 강인한 생명력으로 힘차게 뻗어가고 있다.

순(筍)출판사는 주님의 지상명령 성취와 한국 교회를 섬기기 위한 CCC의 문서사역을 감당합니다.

10 STEP

그리스도인의 성장을 위한
CCC 10단계 성경교재

순종의 삶

하나님의 뜻을 따라 살기

집주인 부부는 나를 볼 때마다 "우리와 함께 교회에 가지 않겠어요?"라고 물었다. 오랫동안 나는 그 훌륭한 노부부에게 미소를 지으며 감사하지만 사양하겠다고 말했다. 대학 생활을 위해 집을 떠난 이후로 주일에는 교회에 가는 대신 대부분의 시간을 아마추어 무선 방송(HAM)을 제작하고 할리우드 언덕에서 승마를 하는 데 보냈다. 80대였던 이 경건한 노부부는 아마도 그들이 알고 있는 유일한 방법으로 나에게 전도하는 것 같았다. 그들의 전도의 결과로 어느 날 내가 예수님을 영접할 것이라는 사실을 알지 못했지만, 그들은 계속 나에게 전도했다. 내가 인격적으로 하나님을 알게 된 여러 원인들 중 하나가 노부부가 하나님의 뜻에 순종하여 나에게 계속 전도한 것이었다.

순종이 왜 그렇게 중요한가? 하나님은 순종에 대해 무엇이라고 말씀하시는가? 은혜로우신 하나님께 의지를 드려 즐거이 순종해야 하는 몇 가지 이유를 알아보자.

첫째, 하나님의 명령이다. 예레미야 7:23에서 하나님은 "…너희는 내 목소리를 들으라 그리하면 나는 너희 하나님이 되겠고 너희는 내 백성이 되리라 너희는 내가 명령한 모든 길로 걸어가라 그리하면 복을 받으리라."고 말씀하셨다. 구약성경을 보면, 하나님은 예배도 강조하시지만 순종을 훨씬 더 중요하게 생각하신다.

둘째, 순종은 믿음의 증표이다. 사도 바울은 "믿음을 따라 하지 아니하는 것은 다 죄"라고 말한다(롬 12:1-2; 14:23). 구약성경의 사울 왕이 불순종한 것은 믿음이 없다는 증거요, 왕국을 다스릴 자격이 없다는 반증이었으며, 그 결과 그는 왕권을 빼앗겼다. 우리 역시 하나님께 불순종하면, 승리하며 열매 맺는 풍성한 삶의 복을 상실하게 된다. 하나님의 명령을 항상 이해할 수 있는 것은 아니지만 우리는 그분의 지혜를 믿을 수 있다. 순종은 바로 그 믿음의 표현이다.

셋째, 순종은 하나님을 영화롭게 한다. 하나님은 그의 자녀들이 믿음으로 하나님께 순종하는 것을 기뻐하신다. 다른 사람들은 우리의 '선한 행실'을 보고 하나님께 영광을 돌리게 될 것이다. 19세기의 위대한 전도자였던 드와이트 L. 무디(Dwight Lyman Moody)는 "예수 그리스도께 자신을 온전히 헌신한 사람들을 통해 하나님이 얼마나 큰일을 하실 수 있는지 세상은 아직 다 보지 못하였다."는 말에 도전을 받아 "나도 그러한 사람이 되기를 원한다."고 응답했다. 그 결과, 하나님은 그 시대의 어느 누구보다 그를 더 크게 사용하셔서 많은 사람들에게 그리스도의 복음을 전하는 영광을 얻게 하셨다.

요한복음에서 예수님은 자신을 포도나무로, 그리스도인들을 가지로 비유하신다. 그분은 "내 안에 거하라 나도 너희 안에 거하리라 가지가 포도나무에 붙어 있지 아니하면 스스로 열매를 맺을 수 없음같이 너희도 내 안에 있지 아니하면 그러하리라."(요 15:4)고 말씀하셨다. 그리스도 안에 거하는 것이 순종하는 것이다. 순종하는 그리스도인들은 많은 열매를 맺어 그리스도께 영광을 돌린다.

넷째, 순종은 승리를 가져온다. 사탄의 전략은 우리가 하나님께 불순종하도록 하는 것이다. 에덴동산에서 하와를 유혹한 것과 마찬가지로 오늘날도 우리를 불순종하도록 유혹한다. 야고보서 4:7은 원수를 이기는 법을 말해 준다. "그런즉 너희는 하나님께 복종할지어다 마귀를 대적하라 그리하면 너희를 피하리라." 마귀가 우리를 피할 것이라는 약속을 믿고 '하나님께 순종'하고 '마귀를 대적'해야 한다. 영적 승리의 첫 단계는 순종이다.

다섯째, 순종은 하나님을 향한 우리의 사랑을 나타내는 것이다. 예수님은 "사람이 나를 사랑하면 내 말을 지키리니 내 아버지께서 그를 사랑하실 것이요 우리가 그에게 가서 거처를 그와 함께 하리라 나를 사랑하지 아니하는 자는 내 말을 지키지 아니하나니"(요 14:23-24상)라고 말씀하셨다. 사랑은 행동이다. 사랑은 순종을 낳고 사랑하는 대상을 기쁘게 해주고 싶은 열망이 솟아나게 한다.

여섯째, 순종은 삶 속에 성령의 능력이 나타나게 하여 우리가 열매 맺는 예수 그리스도의 증인이 되게 한다. 바울은 성령의 능력으로만 그리스도의 증인이 될 수 있다는 것을 깨달았다. 그는 "그리스도께서 이방인들을 순종하게 하기 위하여 나를 통하여 역사하신 것 외에는 내가 감히 말하지 아니하노라 그 일은 말과 행위로 표적과 기사의 능력으로 성령의 능력으로 이루어졌으며…"(롬 15:18-19)라고 말했다.

일곱째, 하나님은 순종하는 자들에게 자신을 나타내신다. 삶 가운데 그리스도께서 임재하심과 그분이 주시는 기쁨을 누리지 못한다면 그것은 불순종의 결과일 수 있다. 예수님은 순종하는 모든 사람에게 자신을 나타내실 것을 약속하신다(요 14:21).

하나님의 일을 하면서 그분의 능력을 경험하고 있는가? 그렇지 않다면 마음과 생각을 하나님과 그분의 말씀에 순종하도록 훈련하라. 믿음으로 성령의 능력을 구하라.

얼마 전 TV에서 미국에서 유명한 전도자가 뉴욕의 한 교회에서 시무하는 목사와 인터뷰하는 것을 보았다. 그 교회의 성도들은 몹시 위험한 지역에 있는 버려진 낡은 창고에서 예배를 드리고 있었다. 그곳은 당시에 세 명의 노동자가 살해되고 구타와 성폭행 사건이 일어난 곳이었다. 전도자가 "왜 그곳에서 사역을 하십니까?" 하고 묻자 그 목사는 "하나님께서 이곳에서 주님을 섬기라고 나를 부르셨기 때문에 나는 주님께 순종해야 합니다."라고 대답했다.

하나님께서 때로는 이 목사처럼 어렵고 위험한 환경에서 일하도록 우리를 부르신다. 그때 하나님께 순종하면 우리는 초자연적인 삶을 살게 된다. 우리 자신의 힘으로는 그분을 따를 수 없다. 우리 안에 거하시는 성령께서 순종할 수 있도록 능력을 주시며 삶을 인도해 주시기를 믿음으로 간구해야 한다.

당신이 하나님의 계획에 순종하며 살아갈 수 있도록 도와주는 몇 가지 단계가 있다.

첫째, 하나님의 속성을 묵상하고 공부하라. 믿음에는 대상이 있다. 그리스도인에게 믿음의 대상은 하나님이다. 우리가 생각하고 행동하고 말하는 방식을 결정하는 것은 바로 하나님에 대한 우리의 생각이다. 하나님에 대한 우리의 견해가 우리가 읽는 책, 즐겨 듣는 음악, 생활 방식에 영향을 준다. 하나님이 얼마나 사랑이 많으시고 지혜로우시며 능력이 있으시고 믿을 만한 분인지를 이해한다면, 우리가 그분을 신뢰하고 순종하는 것이 전혀 어렵지 않을 것이다.

둘째, 하나님의 말씀을 알라. 하나님의 거룩한 말씀은 영적 순종과 성장의 토대가 된다. 골로새서 3:16은 "그리스도의 말씀이 너희 속에 풍성히 거하여 모든 지혜로 피차 가르치며 권면하라."고 말하고 있다. 마태복음 5-8장을 읽어 보고 주님께서 주시는 모든 교훈들을 적어 보라. 이것이 바로 순종하는 그리스도인이 일상생활에서 가져야 할 태도와 행동이다.

셋째, 당신을 향한 하나님의 계획을 분별하라. 성경은 하나님께서 우리 속에서 '자기의 기쁘신 뜻을 위하여 우리에게 소원을 두고 행하게 하신다.'(빌 2:13)고 선언한다. 당신이 하나님의 말씀을 매일 연구하고 묵상하며 기도하는 동시에 그 명령에 순종한다면, 당신을 향한 하나님의 계획을 확실히 알게 될 것이다. 하나님께서는 우리 마음에 하나님의 말씀과 일치하는 소원을 주시고, 그 소원을 실행할 기회를 활짝 열어 주심으로써 우리를 인도하신다.

넷째, 하나님께서 당신에게 하라고 하신 것을 성령의 능력 안에서 실행하라. 가장 큰 평안과 성취감은 우리를 통해 하나님의 계획을 성취해 가시도록 성령님을 우리 삶의 중심에 모실 때 생긴다.

모든 사람들에게 주 예수 그리스도가 필요하다. 지상명령(마 28:18-20)을 통해 하나님은 복음을 전하라는 명령과 권위를 우리에게 주셨다. 신실한 그리스도인들은 기꺼이 주님의 명령에 순종한다. 규칙적으로 다른 사람들에게 우리의 신앙을 전하는 것은 모든 그리스도인들에 대한 하나님의 계획 중 하나이다. 주님께 순종하여 당신의 삶을 그분께 드리며, 당신을 위한 주님의 놀라운 계획을 발견하고, 당신이 발견한 하나님의 뜻을 기쁘게 실행하라. 그렇게 하면 주님이 약속하신 대로 죄를 이기는 능력과 그분의 임재를 경험하게 될 것이다.

바울은 로마서 8:2에서 "그리스도 예수 안에 있는 생명의 성령의 법이 죄와 사망의 법에서 너를 해방하였음이라."고 말한다. 주님께 순종하는 삶을 살면 사탄과의 영적 전쟁을 위해 우리를 무장시켜 주시고, 유혹과 죄를 이기게 하시는 성령의 능력을 경험하게 해주신다(약 4:7). 순종하는 영혼은 건강한 영혼이다. 사도 요한은 "사랑하는 자여 네 영혼이 잘됨같이 네가 범사에 잘되고 강건하기를 내가 간구하노라."(요삼 1:2)고 말한다. 우리가 주 예수께 순종하고 주님의 가르침을 따른다면 우리의 몸과 마음이 순결해질 것이다. 주님을 위해 일할 때 더 풍성하고 승리하는 삶을 누리며 영적으로 능력 있는 삶을 살게 될 것이다. 작은 일에도 하나님의 명령에 순종하면 하나님은 더 큰 일에도 순종할 수 있는 힘을 주신다. 또한 주님을 기쁘시게 하는 삶을 살면 우리는 모든 좋은 일에 열매를 맺을 수 있게 된다. 예수님은 "너희가 나를 택한 것이 아니요 내가 너희를 택하여 세웠나니 이는 너희로 가서 열매를 맺게 하고 또 너희 열매가 항상 있게 하겠다."(요 15:16)고 말씀하셨다.

지난 49년 동안 전 세계의 거의 모든 나라들을 여행하면서, 불순종했는데 행복한 그리스도인을 만나본 적이 없고, 매우 어려운 상황에서도 하나님을 신뢰하며 순종했는데 불행한 그리스도인을 만나본 적이 없다. 당신은 모든 일에 주 예수께 순종하며 살아가고 있는가? 그리스도를 위한 열매를 맺는 제자인가? 믿음으로 발걸음을 내딛으라. 하나님께 순종하며 살겠다고 결심하고 생활하면서 그리스도를 전하라.

이 책을 공부하면서 사람들의 생각이 당신과 다르고 동료들이 당신을 반대한다 하더라도, 당신이 생각하고 말하고 행하는 모든 것에서 순결하고 신실하게 기꺼이 하나님께 순종하며 살기 바란다. 이것이 바로 하나님의 뜻을 따라 사는 것이다.

제1과

하나님이 원하시는 순종

학 습 목 표 : 하나님의 뜻을 따르려는 열망을 갖게 한다.

훌륭한 운동선수가 되려면 경기 규칙에 따라야 한다. 의사나 법률가, 교직자, 농부들도 마찬가지다. 그렇다면 그리스도인이 주 예수 그리스도와 그분의 말씀에 순종하지 않고 어떻게 풍성한 삶을 살고 열매 맺는 전도자가 될 수 있겠는가? (요일 2:6, 15-17)

어떤 사람들은 하나님이 자신의 계획을 바꾸실까봐 두려워서 하나님께 자신의 삶을 온전히 드리는 것을 주저한다. 그렇다. 그분은 우리의 계획을 바꾸실 것이다. 그러나 우리가 생각한 최고의 것보다, 그분의 계획이 비교도 할 수 없을 만큼 훨씬 더 좋다. 우리를 만드신 분이 우리 삶의 목적을 훨씬 더 잘 안다는 것은 너무도 당연하다. 하나님은 우리를 사랑하여 자신의 목숨까지 버리신 분이므로, 그분을 믿고 따르는 것이 최선이라는 것은 너무도 당연하지 않은가! (롬 8:32)

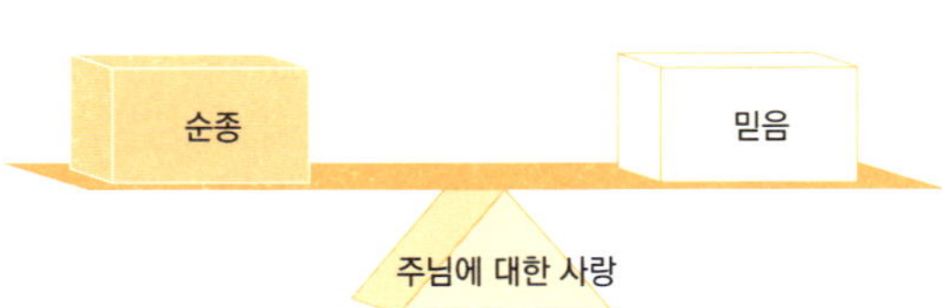

그리스도에 대한 우리의 가장 진실한 사랑의 표현은 그분에게 순종하는 것이며, 순종은 우리의 삶에 대한 하나님의 뜻을 발견하는 비결이다.

순종의 중요성은 아무리 강조해도 부족하다. 우리는 자녀들이 영적 파탄에 빠지지 않도록 훈련시키라는 명령을 받았다(잠 23:13-14). 또한 우리는 영적 자녀들을 양육하라는 명령을 받았다(딤후 2:2). 불순종하는 자녀가 문제아로 자라는 것처럼, 그리스도인도 신앙의 초기 단계에서 순종을 배우지 않는다면 자신과 다른 사람들, 그리고 특히 주님께 문제를 일으키게 될 것이다. 불순종하는 그리스도인은 어떤 문제를 일으키는가?

1 사울 왕의 불순종

사무엘상 15장을 읽으라.

1) 사무엘을 통해 사울 왕에게 주신 하나님의 명령은 무엇이었는가? (15:2-3)

2) 사울 왕은 어떻게 행동했으며 이를 어떻게 합리화했는가? (15:7-9, 15)

3) 사울의 회개는 어떠했는가? (15:24-25, 30)

4) 22-23절에 나와 있는 순종에 관한 중요한 원리는 무엇인가?

5) 오늘날 그리스도인들이 자신들의 불순종을 합리화하는 것에는 어떤 것이 있는가?

2 바울과 아나니아의 순종

사도행전 9:1-22을 읽으라.

1) 하나님은 사울(바울)에게 무엇을 명령하셨으며, 사울은 이에 대해 어떻게 반응했는가? (6-9절)

2) 하나님은 아나니아에게 어떤 명령을 하셨으며, 아나니아는 어떻게 반응했는가? (11-14절)

3) 아니니아는 결국 어떻게 행동했는가? (17절)

4) 이 상황에서 바울과 아나니아의 순종이 왜 중요한가? (15-16절)

5) 아나니아의 순종은 당신에게 간접적으로 어떤 영향을 미쳤는가?

헨리 드러몬드(Henry Drummond)는 말하기를, “하나님의 뜻을 알 수 있는 큰 도구가 있다. 이 도구는 다른 사람이 갈 수 없는 곳을 뚫고 갈 수도 있는 엄청난 힘을 가졌다. 그 이름은 어린 아이들도 이해할 수 있으며, 때로 많은 사람들의 힘으로도 움직이지 않으나 오히려 어린이의 손에 쉽게 움직인다. 이 도구의 이름은 순종이다.”라고 했다. 우리는 순종의 힘을 확신하고 온전히 순종함으로써 완전한 행복을 누릴 수 있다.

적용

1. 이 과에서 당신에게 가장 의미 있는 것은 무엇인가?

2. 당신의 생활 속에서 특히 그리스도께 순종하기 어려운 부분은 무엇인가?

3. 이 부분에서 순종하기 위해 당신은 어떤 조치를 취할 것인가?

외울 말씀 요한복음 14:21
나의 계명을 지키는 자라야 나를 사랑하는 자니 나를 사랑하는 자는 내 아버지께 사랑을 받을 것이요 나도 그를 사랑하여 그에게 나를 나타내리라

읽을 말씀 로마서 1-2장

제2과
온전한 순종과 형식적인 순종

학 습 목 표 : 형식적인 순종을 분별하고 마음에서 우러나오는
온전한 순종을 하게 한다.

성경에는 남왕국 유다의 왕 아마샤에 대해 "아마샤가 여호와 보시기에 정직하게 행하기는 하였으나 온전한 마음으로 행하지 아니하였더라."(대하 25:2)라고 적혀 있다. 순종이란 단지 외적인 행동뿐만 아니라 마음의 태도를 포함한다.

당신은 어떠한 마음으로 그리스도께 순종하는가? 두려움 때문에 순종하는가? 혹 자신의 야망을 위해서 그리스도를 섬기는가? 아니면 하나님의 사랑과 당신을 위해 행하신 일들에 감사하며 충성된 마음으로 섬기는가?

사과나무를 생각해 보자. 수십 개의 사과를 소나무 위에 달아 놓는다고 해서 소나무가 사과나무가 되는 것은 아니다. 그러나 사과나무 한 그루가 심겨서 잘 자라나면 자연히 크고 탐스런 사과가 열릴 것이다. 외적인 순종만 강조하면 말씀의 진정한 의도(하나님의 뜻)를 소홀히 하게 된다. 하나님께 대한 올바른 자세와 진실한 믿음을 갖고 있다고 말하면서 일상생활에서 아무 열매를 맺지 못한다면, 그것은 무의미하지 않는가! 야고보서는 다음과 같이 말한다.

"아아 허탄한 사람아 행함이 없는 믿음이 헛것인 줄 알고자 하느냐 영혼 없는 몸이 죽은 것같이 행함이 없는 믿음은 죽은 것이니라"(약 2:20, 26).

1 불성실한 순종의 예

사도행전 4:32-5:11을 읽으라.

1) 한때 초대 예루살렘 성도들은 재산을 공동으로 소유했다. 성도들은 자신의 소유를 교회에 기부했고 사도들이 각 사람의 필요를 따라 나눠 주었다. 그들이 기꺼이 자기 소유를 포기할 수 있었던 이유는 무엇인가? (32절)

2) 한 작가는 "오늘날 많은 사람들은 교회에 대해 여러 부류의 사람들이 서로에 대해서 잘 알지도 못하고 관심도 없는 채로 같은 공간에 앉아 잠시 만났다가 곧 떠나버리는 식당처럼 생각한다."고 말했다.

(1) 초대교회 성도들은 오늘날의 성도들과 어떤 다른 태도를 갖고 있었는가?

(2) 이러한 태도가 당신의 교회에도 있는가?

(3) 당신이 출석하는 교회에서 교제가 개선되도록 당신이 할 수 있는 일은 무엇인가?

3) 바나바가 자신의 소중한 땅을 팔아 많은 돈을 교회에 바쳤을 때, 다른 성도들은 그의 헌신을 칭찬했을 것이다. 바나바의 헌신이 아나니아와 삽비라에게 어떤 영향을 끼쳤을까?

4) 아나니아와 삽비라가 어떤 동기로 그들의 소유를 팔아 교회에 바쳤다고 생각하는가? 아나니아와 삽비라의 마음의 태도와 행동이 바나바와 어떻게 달랐는지 비교해 보라.

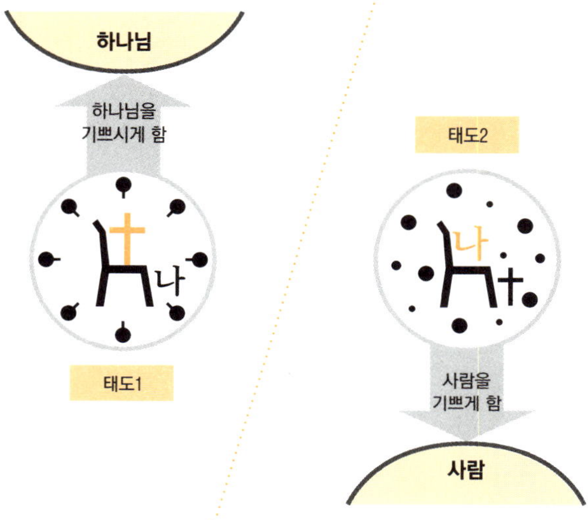

2 그리스도인의 온전한 순종의 중요성

1) 하나님을 기쁘시게 한다고 생각하며 성경을 공부하고, 사람들에게 그리스도를 전하며, 교회 활동에 참여하면서도 여전히 죄를 짓는 것이 가능한가?

2) 예수님은 세상에 살아 계실 당시의 사람들에게 어떤 잘못을 지적하셨는가? (막 7:6)

> 마가복음 7:6 이르시되 이사야가 너희 외식하는 자에 대하여 잘 예언하였도다 기록하였으되 이 백성이 입술로는 나를 공경하되 마음은 내게서 멀도다

3) 하나님께서 마음의 태도를 외적인 행동만큼 중요하게 여기시는 이유는 무엇인가?

3 순종의 올바른 태도

순종의 올바른 태도에 대한 구체적인 예로 구제와 기도의 자세를 살펴보자.
마태복음 6:1-8을 읽으라.

1) 이 본문 말씀에서 비교되는 상반된 개념들은 어떤 것들이 있는가?

2) 구제와 기도에 있어서 하나님이 원하시는 올바른 마음의 태도와 행동은 무엇인가?

3) 우리는 주변 사람들에게 인정을 받기 위해 일하는 경향이 있다. 그것이 우리의 유일한 동기라면 우리의 태도는 잘못된 것이다. 하나님은 마음의 중심이 올바를 뿐 아니라 외적인 행동도 하나님 앞에서 은밀하게 하기를 원하신다. 마태복음 6장에 비추어 볼 때 내가 하는 외식적인 행동에는 어떠한 것이 있는가?

순종은 금욕주의를 실천하거나 겸손하고 검소하게 보이기 위해 생활의 모든 기쁨이나 소유물들을 포기하는 것이 아니다. 또한 율법적인 계명을 외적으로 흉내 내는 것도 아니다. 순종은 성령의 인도하심에 따라 하나님의 말씀대로 살려고 하는 자원하는 마음의 자세이며 배운 말씀을 일상생활에서 실천하는 것이다. 참된 순종은 믿는 자 안에 살아 계셔서 그리스도를 영화롭게 하시는 성령의 인도를 받으며 사는 것이다.

적용

1. 이 과에서 당신에게 가장 의미 있는 것은 무엇인가?

2. 처음에는 두려웠고 불안했지만 순종했을 때 좋은 결과를 얻은 경험이 있다면 서로 나누라.

3. 당신의 행동이나 활동 중에서 그 동기를 바꿔야 할 것이 있는가?

외울 말씀 골로새서 3:23
무슨 일을 하든지 마음을 다하여 주께 하듯 하고 사람에게 하듯 하지 말라

읽을 말씀 로마서 3-4장

제3과

순종과 정결한 삶

학 습 목 표 : 정결한 삶을 원하는 열망을 갖게 한다.

그리스도인으로서 우리는 거룩한 삶을 살도록 부르심을 받았다. 우리는 세상의 악한 삶을 버리고 주님의 명령에 신실하게 순종하는 삶을 살아 그리스도께서 영광을 받으시도록 해야 한다. 성경은 "너희가 순종하는 자식처럼 전에 알지 못할 때에 따르던 너희 사욕을 본받지 말고 오직 너희를 부르신 거룩한 이처럼 너희도 모든 행실에 거룩한 자가 되라."(벧전 1:14-15)고 우리에게 말하고 있다.

이 과를 공부할 때 다음 원리들을 생각하라.

1. 음행은 인간의 마음에서부터 생기지만, 우리가 성령을 따라 살면 하나님께서 유혹을 이길 수 있는 힘을 주신다.

2. 성경은 남녀의 성에 대해 건전한 이해를 제공한다. 하나님의 말씀은 결혼이라는 영역 안에서만 남녀의 성관계가 즐거움과 복의 근원이 될 수 있다고 가르친다. 성경은 성을 결코 죄스럽고 혐오스럽거나 더러운 것으로 보지 않는다. 불이 인류에게 큰 혜택을 주지만 잘못 사용하면 해를 주듯이, 성적인 만족도 잘못된 방법으로 충족시키려고 하면 인생을 망칠 수 있다.

3. 자비로우신 하나님은 다른 모든 영역에서와 마찬가지로 성적인 영역에서도 잘못을 용서해주시고 깨끗하게 해주시므로 불필요한 죄의 짐을 질 필요가 없다. 다윗은 밧세바와 간음한 죄를 회개했다. 그는 "내가 이르기를 내 허물을 여호와께 자복하리라 하고 주께 내 죄를 아뢰고 내 죄악을 숨기지 아니하였더니 곧 주께서 내 죄악을 사하셨나이다."(시 32:5)라고 말한다.

4. 이성에 대한 우리의 행동이 모든 면에서 모범을 보여야 복음을 전할 때 걸림돌이 되지 않는다.

1 성적 순결, 왜 지켜야 하는가?

[사례 연구]

1. 잠언 7장을 읽으라.
   * 잠언 7장에 나오는 젊은이의 마지막 모습은 어떻게 묘사되고 있는가? (22-23절)
   * 이 젊은이는 어떻게 대처했어야 했는가? (1-5절)

2. 창세기 39장을 읽으라.
   * 요셉은 성적 유혹을 극복하기 위해 어떻게 행동했는가?
   * 이런 유혹을 이길 수 있었던 동기는 무엇이었는가?
   * 요셉의 태도에서 배울 수 있는 중요한 교훈은 무엇인가?

1) 성경이 말하는 성적 순결은 무엇인가? (히 13:4)

히브리서 13:4 모든 사람은 결혼을 귀히 여기고 침소를 더럽히지 않게 하라 음행하는 자들과 간음하는 자들을 하나님이 심판하시리라

2) 음행의 유혹을 받을 때 그리스도인은 어떻게 해야 하는가? (고전 6:18)

고린도전서 6:18 음행을 피하라 사람이 범하는 죄마다 몸 밖에 있거니와 음행하는 자는 자기 몸에 죄를 범하느니라

3) 당신이 시험을 받을 때 시험을 이겨낼 수 있는 몇 가지 이유를 적어 보라. (고전 10:13)

고린도전서 10:13 사람이 감당할 시험 밖에는 너희가 당한 것이 없나니 오직 하나님은 미쁘사 너희가 감당하지 못할 시험 당함을 허락하지 아니하시고 시험 당할 즈음에 또한 피할 길을 내사 너희로 능히 감당하게 하시느니라

2 정결한 생각, 정결한 삶

1) 예수님은 우리의 음란한 생각에 대해 어떻게 말씀하셨는가? (마 5:27-28)

2) 우리는 어떻게 음란한 생각을 이겨낼 수 있는가?

(1) 갈라디아서 5:16

(2) 로마서 13:14

우리는 정욕을 채우려는 육신에 틈이나 기회를 주지 말아야 한다. 인생의 선택의 기로에 서면 각기 다른 방향에서 우리를 부르는 두 가지 소리가 있다. 즉 사탄을 대변하는 육신의 소리와 그리스도를 대변하는 성령의 소리이다. 우리가 종종 실패하는 이유는 우리가 스스로 유혹받을 위치에 서 있기 때문이다. 불순한 생각을 조장하는 것을 읽거나 보면서 하나님께서 우리를 보호하시기를 기대하는 것은, 건물에서 뛰어내리며 "하나님! 떨어지지 않도록 도와주세요!"라고 간구하는 것과 같다.

3) 빌립보서 4:8에 의하면 우리는 어떤 생각을 해야 하는가?

빌립보서 4:8 끝으로 형제들아 무엇에든지 참되며 무엇에든지 경건하며 무엇에든지 옳으며 무엇에든지 정결하며 무엇에든지 사랑 받을 만하며 무엇에든지 칭찬 받을 만하며 무슨 덕이 있든지 무슨 기림이 있든지 이것들을 생각하라

"대저 그 마음의 생각이 어떠하면 그 위인도 그러한즉 … "(잠 23:7). 악한 생각은 결국 악한 행동을 낳는다. 인격의 근원은 사고 과정 가운데 있다.

우리는 매일 그리스도께서 공급해 주시는 힘과 능력과 보호를 요청하면서 살아야 한다. 불순한 생각을 이기는 길은 우리 자신에게 있는 것이 아니다. 오직 그리스도를 통해서만 이루어진다.

4) 현대 사회에서 음란한 생각을 하도록 유혹하는 것들은 무엇이 있는가? 어떻게 그것을 극복할 수 있는가?

참고: 영적 생활에 있어서 죄와 유혹은 다른 것이다. 악한 생각이 우리의 마음속을 스쳐지나가는 것(유혹)은 흔한 일이다. 그러나 그런 생각이 우리 마음속에 머물러 있으면 죄를 낳게 된다. 이렇게 설명할 수도 있다. "새가 머리 위를 나는 것은 막을 수 없지만, 머리 위에 둥지를 트는 것은 막을 수 있다." (마르틴 루터, Martin Luther).

5) 성적 순결에 대한 죄가 있다 할지라도 우리 죄를 하나님께 고백하면 우리를 용서하시고 깨끗하게 해주신다(요일 1:9). 다음 성경구절에서 주시는 약속의 말씀을 찾아보라.

(1) 이사야 43:25

이사야 43:25 나 곧 나는 나를 위하여 네 허물을 도말하는 자니 네 죄를 기억하지 아니하리라

(2) 요한일서 2:1-2

요한일서 2:1-2 [1]나의 자녀들아 내가 이것을 너희에게 씀은 너희로 죄를 범하지 않게 하려 함이라 만일 누가 죄를 범하여도 아버지 앞에서 우리에게 대언자가 있으니 곧 의로우신 예수 그리스도시라 [2]그는 우리 죄를 위한 화목제물이니 우리만 위할 뿐 아니요 온 세상의 죄를 위하심이라

하나님께서는 우리가 죄책감을 느끼는 정도나 우리가 다시는 죄를 범하지 않겠다고 결심한 것에 근거하여 우리를 용서하시는 것이 아니다. 하나님의 신실하신 약속에 근거하여 무조건적인 용서를 베푸신다. 하나님만이 신실하시고 의로우시며 죄를 용서하실 수 있다. 성경은 하나님께서 죄를 용서하실 때 죄를 멀리 옮기시고 기억하지도 않으신다고 말한다. 무조건적인 용서는 완전한 씻음을 말한다.

적용

1. 이 과에서 당신에게 가장 의미 있는 것은 무엇인가?

2. 당신의 삶에서 해결해야 할 정결하지 못한 부분은 무엇이며, 어떻게 해결할 것인가?

외울 말씀 베드로전서 1:15

오직 너희를 부르신 거룩한 이처럼 너희도 모든 행실에 거룩한 자가 되라

읽을 말씀 로마서 5-6장

제4과

순종과 사람에 대한 두려움

학 습 목 표 : 친구나 다른 사람들이 평가하는 것에 상관없이 하나님께 순종하는 삶을 살게 한다.

18세기 말에 태어난 영국의 가난한 구두 수선공, 윌리엄 캐리(William Carrey)는 하나님의 부르심에 순종하여 인도 선교사가 되기 전까지 수많은 갈등을 극복해야만 했다. 크고 영향력 있는 동인도 회사의 고위 간부들이 캐리의 사역에 반대하여 영국 의회에 아래와 같은 결의서를 제출했다.

"동인도 식민 지역에 선교사를 파견하는 것은 공상에 빠진 광신자들이 생각해 낸 가장 터무니없고 비용도 너무 많이 들며 옹호의 여지가 전혀 없는 미친 계획이다."

1796년에 스코틀랜드 교회 총회는 다음의 결의안을 승인했다.

"미개인들과 야만인들에게 복음의 지식을 확산시키는 것은 너무도 어리석은 일이다."

어느 하원의장은 인도에 선교사들을 풀어놓느니 차라리 마귀 떼를 풀어놓는 것을 보고 싶다고 말했다.

그러나 이러한 모든 반대에도 불구하고 캐리는 굴하지 않았다. 그는 "내 영혼아, 왜 내 안에서 불안해하는가? 상황은 내가 기대한 것보다 훨씬 더 좋아질 것이다. 하나님께서 모든 것을 아시고 돌보신다."라고 기록했다.

윌리엄 캐리는 하나님의 시험을 통과했고 현대 선교의 아버지가 되었다.

신실하고 헌신된 그리스도인은 장애물이나 대중들의 생각, 동료들의 압박에 관계없이 항상 그리스도 편에 서서 증인이 된다. 우리가 사람을 두려워하면 사탄은 그리스도인으로서의 우리의 삶을 패배하도록 만들 것이다. 그러나 성령의 인도하심에 순종하면 우리는 사람들을 그리스도께 인도하게 될 것이다. 다른 사람들이 어떻게 생각하든 그리스도의 편에 서서 열매 맺는 증인이 되기를 바란다.

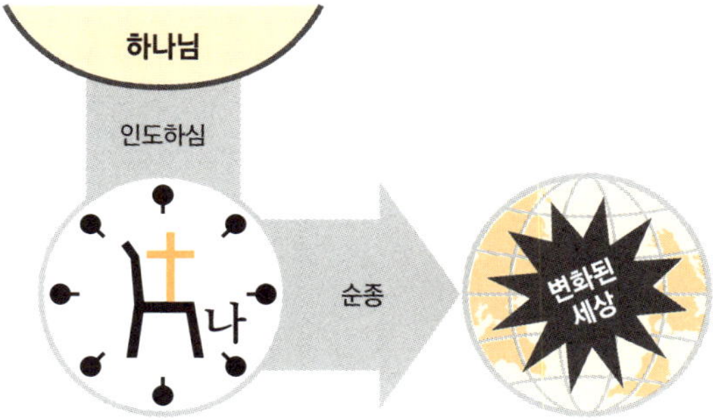

1 베드로의 부인

마태복음 26장 57-75절을 주의 깊게 읽으라.

1) 베드로는 그리스도를 알고 진심으로 사랑했다. 그러나 예수님이 잡혀 갔을 때 베드로는 어떻게 했는가? (58절)

2) 그리스도와 베드로를 비교해 보라.

(1) 누가 그리스도를 고발했는가? (59절)

(2) 누가 베드로를 고발했는가? (69, 71, 73절)

(3) 예수님은 자기를 고발한 사람들에게 어떻게 대답했는가? (64절)

(4) 베드로는 자기를 고발한 사람들에게 어떻게 대답하였는가? 그 과정을 살펴보라.

69-70절:

71-72절:

73-74절:

(5) 예수님은 진리를 말씀하셨기 때문에 무슨 일을 당하셨는가? (65-68절)

(6) 베드로가 거짓말을 한 결과는 무엇이었는가? (75절)

3) 사람들은 그리스도의 가르침이 약자나 겁쟁이, 노이로제 환자들에게나 도움이 된다고 말한다. 그리스도와 베드로의 사례를 보고 당신은 그런 주장을 어떻게 생각하는가?

4) 그리스도의 사례를 본 당신은 친구들의 압박을 받을 때 어떻게 하겠는가?

2 베드로의 회복

요한복음 21:1-19을 주의 깊게 읽으라.

1) 요한복음 21:1-19은 예수님이 베드로를 처음 부르시던 누가복음 5:1-11을 생각나게 한다. 이 두 사건을 비교하여 생각해 보라.

	누가복음 5:1-11		요한복음 21:1-19	
제자들이 직면한 상황	5절		3절	
예수님의 말씀	4절		6절	
결과	6절		6, 11절	

2) 베드로가 예수님을 부인한 사실과 예수님이 베드로에게 하신 세 번의 질문은 어떤 관계가 있는가? (요 21:15-17)

3) "내 양을 먹이라."는 예수님의 말씀은 베드로에게 어떤 의미가 있는가?

4) 우리가 비록 그리스도께 죄를 짓고 그분을 부인했다 하더라도 무엇에 근거하여 회복될 수 있는가?

3 베드로의 변화

1) 예수님을 부인한 지 약 두 달 후 오순절에 베드로는 조롱하는 무리들에게 그리스도인의 신앙을 담대히 전했다(행 2:14-36). 그가 군중들에게 두려움 없이 말한 내용은 무엇인가? (행 2:36)

> 사도행전 2:36 그런즉 이스라엘 온 집은 확실히 알지니 너희가 십자가에 못 박은 이 예수를 하나님이 주와 그리스도가 되게 하셨느니라 하니라

2) 베드로의 생애에 이런 극적인 변화를 가져오게 한 것은 무엇인가? (행 1:8; 2:1-4)

> 사도행전 1:8 오직 성령이 너희에게 임하시면 너희가 권능을 받고 예루살렘과 온 유대와 사마리아와 땅 끝까지 이르러 내 증인이 되리라 하시니라
>
> 사도행전 2:1-4 1오순절 날이 이미 이르매 그들이 다같이 한 곳에 모였더니 2홀연히 하늘로부터
> 급하고 강한 바람 같은 소리가 있어 그들이 앉은 온 집에 가득하며 3마치 불의 혀처럼 갈라지는
> 것들이 그들에게 보여 각 사람 위에 하나씩 임하여 있더니 4그들이 다 성령의 충만함을 받고
> 성령이 말하게 하심을 따라 다른 언어들로 말하기를 시작하니라

3) 그 결과는 어떠했는가? (행 2:37-42)

사도행전 2:37-42 [37]그들이 이 말을 듣고 마음에 찔려 베드로와 다른 사도들에게 물어 이르되
형제들아 우리가 어찌할꼬 하거늘 [38]베드로가 이르되 너희가 회개하여 각각 예수 그리스도의
이름으로 세례를 받고 죄 사함을 받으라 그리하면 성령의 선물을 받으리니 [39]이 약속은 너희와
너희 자녀와 모든 먼 데 사람 곧 주 우리 하나님이 얼마든지 부르시는 자들에게 하신 것이라
하고 [40]또 여러 말로 확증하며 권하여 이르되 너희가 이 패역한 세대에서 구원을 받으라 하니
[41]그 말을 받은 사람들은 세례를 받으매 이 날에 신도의 수가 삼천이나 더하더라 [42]그들이
사도의 가르침을 받아 서로 교제하고 떡을 떼며 오로지 기도하기를 힘쓰니라

적용

1. 이 과에서 당신에게 가장 의미 있는 것은 무엇인가?

2. 당신은 그리스도인으로서 동료나 주위 사람들로부터 현재 어떤 압박을 받고 있는가? 이 과에서 배운 것에 비추어 이런 압박을 어떻게 대처하겠는가?

외울 말씀 누가복음 9:26
누구든지 나와 내 말을 부끄러워하면 인자도 자기와 아버지와 거룩한 천사들의 영광으로 올 때에 그 사람을 부끄러워하리라

읽을 말씀 로마서 7-8장

제5과
순종과 혀

학 습 목 표 : 우리의 절제하는 언어생활로 하나님께 순종하는 언어생활을 배울 수 있다.

날카롭고 비판적인 말을 하는 사람들이 있다. 당신이 인도하는 성경공부 그룹의 한 부부가 어려운 문제에 봉착해 당신과 이야기하고 싶어 한다고 가정해 보자. 남편은 덩치가 크고 건설업에 종사하는데, 하루를 거의 바깥에서 보내며 열심히 일하는 사람이다. 아내는 가냘프고 연약하지만 다윗이 물맷돌로 골리앗을 물리쳤던 것만큼 능숙하게 혀를 사용한다. 곧 그 남편은 아내의 날카로운 말에 벌컥 화를 내게 된다.

"저렇게 나를 무시하다니, 정말 못견디겠어!" 남편은 불평한다.

"왜? 위대하고 영웅적인 분께서 자기 자신도 챙기지 못하다니!" 아내는 빈정거린다.

남편은 눈살을 찌푸리며 머리를 흔든다. "더 이상은 못 참겠어. 나는 아내를 사랑하는데 아내는 나를 혀로 죽이고 있어!"

종종 우리 마음속에 있는 적개심은 언행을 통해 표출된다. '혀'라는 단어는 성경에 93회 사용되었는데, 그것의 파괴적인 힘에 대한 언급이 대부분이다.

"혀의 채찍"(욥 5:21).

"네 죄악이 네 입을 가르치나니 네가 간사한 자의 혀를 좋아하는구나"(욥 15:5).

"그는 비록 악을 달게 여겨 혀 밑에 감추며"(욥 20:12).

"온순한 혀는 곧 생명나무이지만 패역한 혀는 마음을 상하게 하느니라"(잠 15:4).

"혀는 곧 불이요 불의의 세계라 혀는 우리 지체 중에서 온 몸을 더럽히고 삶의 수레바퀴를 불사르나니 그 사르는 것이 지옥 불에서 나느니라"(약 3:6).

"혀는 능히 길들일 사람이 없나니 쉬지 아니하는 악이요 죽이는 독이 가득한 것이라"(약 3:8).

"이것으로 우리가 주 아버지를 찬송하고 또 이것으로 하나님의 형상대로 지음을 받은 사람을 저주하나니 한 입에서 찬송과 저주가 나오는도다 내 형제들아 이것이 마땅하지 아니하니라"(약 3:9-10).

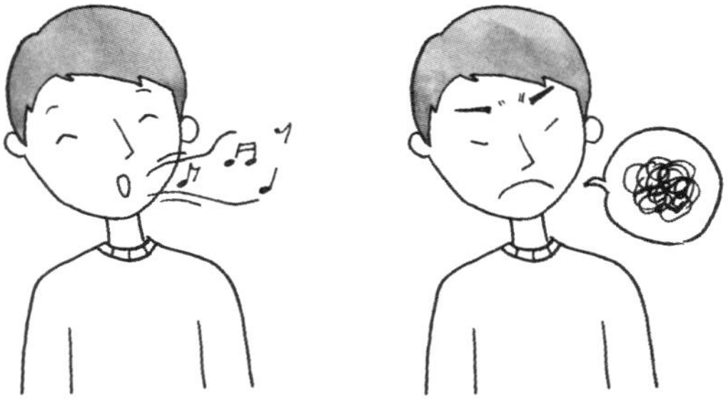

분노한 마음 깊은 곳에서 나오는 악의적인 언어들보다 스스로를 더 더럽게 만드는 것은 없다. 하나님을 기쁘시게 하고 우리 주님께 영광을 돌리는 삶을 살려면 절제하는 언어생활을 배워야 한다. 야고보는 "누구든지 스스로 경건하다 생각하며 자기 혀를 재갈 물리지 아니하고 자기 마음을 속이면 이 사람의 경건은 헛것이라"(약 1:26)라고 말한다.

1 혀의 영향력

야고보서 3:1-12을 읽으라.

1) 우리가 성경을 충실히 공부하고 그리스도인 모임에 정기적으로 참석하며 친구에게 그리스도를 전한다 해도, 참으로 성숙한 그리스도인임을 나타내 주는 다른 표지가 한 가지 있다. 그것이 무엇인가? (2절)

2) 혀를 다스리면 어떤 일이 일어나는가? (2절)

혀를 다스리면 우리는 불일치와 위선으로부터 피할 수 있다. 야고보서 3:9-12은 어떻게 한 사람의 혀가 그 사람의 불균형한 삶을 나타내는지 잘 보여 준다. 많은 그리스도인들이 언변에 뛰어나 유창하게 기도하고 거룩한 모양으로 말하면서 그와 동시에 남을 험담하는 위선을 드러낸다. 말은 말하는 사람의 진실한 인격을 비추는 커다란 네온 사인과 같다.

3) 혀(말)의 위력을 비유하는 세 가지는 무엇인가? 그 비유들은 무엇을 말해 주는가?

3절:

4절:

5절:

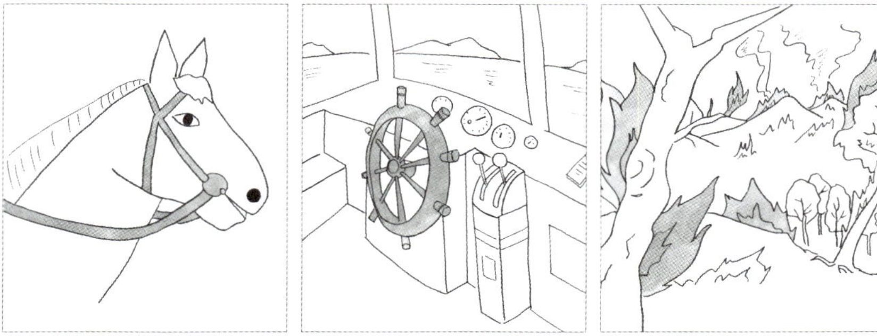

절제하지 않는 혀는 그리스도인의 모든 생활을 망쳐 놓을 수 있다. 또한 혀는 큰 노력 없이도 다른 사람에게 커다란 상처를 줄 수 있다.

4) 우리가 무심히 하는 험담 몇 마디가 다른 사람에게 얼마나 큰 상처를 줄 수 있는가? 다른 사람의 파괴적인 말의 불씨로 고통을 받았던 경험이 있는가? 나누어 보라.

2 혀로 인한 죄

1) 잠언의 다음 구절에서 혀(말)로 짓는 죄를 적어 보라.

6:16~19

11:13

15:1

17:9

27:2

위의 각각 영역에서 당신이 상처를 입거나 상처를 주었던 경험이 있는가?

2) 에베소서 4:29을 읽으라.

에베소서 4:29 무릇 더러운 말은 너희 입 밖에도 내지 말고 오직 덕을 세우는 데 소용되는 대로 선한 말을 하여 듣는 자들에게 은혜를 끼치게 하라

(1) 이 구절에서 말하는 '입 밖에도 내지 말아야 할 더러운 말들'에는 어떤 것이 있는가?

(2) 덕을 세우는 선한 말에는 무엇이 있는가?

3 혀의 중요성

마태복음 12:33-37을 읽으라.

1) 그리스도께서 나무와 열매의 비유로 무엇을 말씀하시고자 하는가?

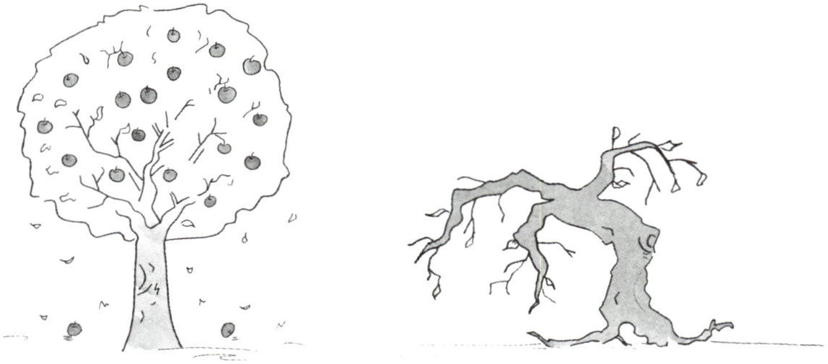

2) 예수님은 이 비유를 어떻게 적용하셨는가?

3) 심판 날에 우리는 하나님 앞에서 무엇을 계산하게 되는가? (36-37절)

4) 그리스도인이 혀를 절제할 수 있는 유일한 해결책은 무엇인가? (갈 5:16)

갈라디아서 5:16 내가 이르노니 너희는 성령을 따라 행하라 그리하면 육체의 욕심을 이루지 아니하리라

적용

1. 이 과에서 당신에게 가장 의미 있는 것은 무엇인가?

2. 지난 몇 주 동안 당신의 언어 사용의 태도를 생각하면서 다음 질문에 정직하게 답해 보라.

1) 내가 하나님 앞에서 고백하고 바로 잡아야 할 태도는 무엇인가?

2) 말로 상처를 주었기 때문에 찾아가 용서를 구해야 할 사람은 누구인가?

외울 말씀 야고보서 3:2
우리가 다 실수가 많으니 만일 말에 실수가 없는 자라면 곧 온전한 사람이라 능히 온 몸도 굴레 씌우리라

읽을 말씀 로마서 9–10장

제6과

순종과 물질

학 습 목 표 : 우리의 육체적 · 물질적 · 영적 안정은 그리스도를 향한 순종에 달려 있다는 것을 안다.

많은 사람들이 돈이나 물질, 결혼, 출세를 통하여 평안하고 부유한 삶을 살기 원한다. 그러나 참 평안이란 전능하신 하나님과의 올바른 관계에서만 찾을 수 있다. 선물을 주신 분에게 감사하지는 않고, 왜 그 선물만을 추구하는가?

하나님이 온 천지와 만물의 주인이시다. 세상의 모든 것이 다 그분의 것이다(출 19:5; 시 50:10). 우리에게 일용할 것을 주실 수 있는 분은 오직 하나님뿐이다(빌4:19).

하나님을 우리의 삶 전체와 우리 모든 소유의 주인으로 모시지 않는 한 어떠한 계획에도 진정한 평안은 없다. 세상과 세상의 것들이 약속하는 것은 거짓 평안이며, 참 안정은 하나님의 뜻을 행할 때에만 얻을 수 있다.

1 어리석은 부자

누가복음 12:13-34을 읽으라.

1) 13절에 나오는 사람이 가장 중요하게 여긴 것은 무엇이었는가?

2) 왜 예수님은 그의 요구를 거절하셨는가? (15절)

3) 비유에 나오는 부자가 어리석었던 이유는 무엇인가?

4) 오늘날에도 사람들이 이 사람과 똑같은 실수를 어떻게 범하고 있는가?

5) 까마귀와 백합화의 비유를 통해서 예수님이 말씀하시는 것은 무엇인가? (24-31절)

6) 당신이 올바른 우선순위를 갖도록 하는 데 이 비유가 어떤 도움을 주는가? 다음의 기사를 읽고 서로 의견을 나누라. 당신의 인생에서 물질은 어떤 위치를 차지하는가?

다음은 1948년에 발행된 한 신문(『*Pitching Horse Shoes*』)에 "에지워터 비치호텔에서 열린 회의는 청년 재벌들의 회의였다."라는 제목으로 실린 빌리 로즈(Billy Rose)의 글에서 발췌한 내용이다.

"1923년, 시카고의 에지워터 비치호텔에서 매우 중요한 모임이 있었다. 이 모임에 참석한 사람들은 세계에서 가장 성공한 아홉 명의 재벌, 즉 돈 버는 비결을 발견한 사람들이었다. 그러나 25년 후에 이 사람들이 어떤 형편에 처하게 되었는지를 살펴보자.

가장 큰 강철회사 사장이었던 찰스 샤브(Charles Schwab)는 파산하여 5년 동안 빚더미에 살다가 죽었고, 공익회사 사장이었던 새무얼 인설(Samuel Insull)은 법정으로부터 도망 다니다가 외국에서 돈 한 푼 없이 죽고 말았다. 가스회사 사장이던 하워드 홉슨(Howard Hopson)은 정신이상자가 되었고, 소맥 투기업자였던 아더 코튼(Arthur Cotton)은 많은 부채를 지고 외국에서 죽었다. 뉴욕 증권거래 소장이던 리처드 위트니(Richard Whitney)는 싱싱 형무소(Sing Sing penitentiary)에 수감되었고, 정부 각료의 한 사람이었던 앨버트 폴(Albert Fall)은 감옥에서 죽기 직전 귀가 조치되었으며, 월 스

트리트(Wall Street)의 '곰'이라고 불리던 주식 브로커, 제시 리버모어(Jesse Livermore)와 전매회사의 이반 크루거(Ivan Krueger)는 자살했다. 국제 정착은행 총재인 레온 프레이저(Leon Fraiser) 역시 자살로 그의 일생을 마쳤다. 이들 모두는 돈 버는 기술은 배웠으나 참 인생을 사는 길은 배우지 못했던 것이다."

2 바울의 자족하는 삶

빌립보서 4:11-19을 읽으라.

1) 바울은 돈이 없을 때 어떻게 반응했는가? (11-12절)

2) 바울은 모든 환경에서 자족할 줄 아는 힘을 어디에서 얻었는가? (13절)

3) 19절에서 하나님은 우리에게 무엇을 약속하시는가?

4) 바울이 부자들에게 주는 경고와 권면은 무엇인가? (딤전 6:17-19)

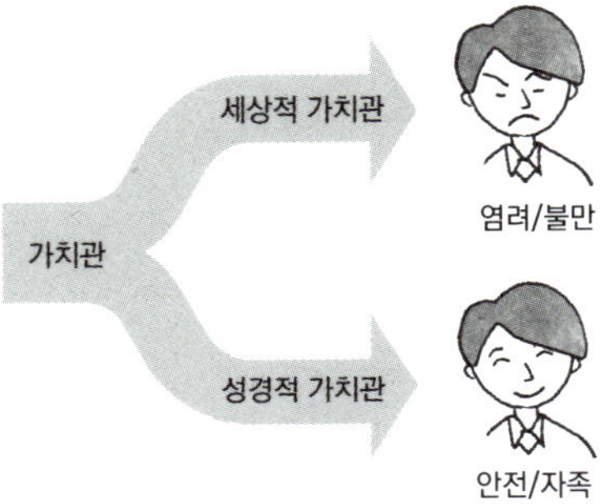

5) 우리는 무엇 때문에 영적인 것을 등한시하고 물질적인 것에 과도하게 마음을 쏟는가?

3 그리스도인과 헌금

1) 고린도후서 8:9에 근거해서 예수 그리스도께서 우리를 위해 하신 일들을 자신의 말로 적어 보라.

고린도후서 8:9 우리 주 예수 그리스도의 은혜를 너희가 알거니와 부요하신 이로서 너희를 위하여 가난하게 되심은 그의 가난함으로 말미암아 너희를 부요하게 하려 하심이라

2) 고린도후서 9:7-8을 읽으라. 헌금을 드리는 바른 자세는 무엇인가?

고린도후서 9:7-8 7각각 그 마음에 정한 대로 할 것이요 인색함으로나 억지로 하지 말지니
하나님은 즐겨 내는 자를 사랑하시느니라 8하나님이 능히 모든 은혜를 너희에게 넘치게
하시나니 이는 너희로 모든 일에 항상 모든 것이 넉넉하여 모든 착한 일을 넘치게 하게 하려
하심이라

3) 고린도후서 9:8에 '모든'이란 말을 사용한 것에 주목해 보라. 하나님의 사역을 위해 희생적으로 바치면서도 항상 기뻐할 수 있는 이유는 무엇인가?

4) 경제적으로 어려운 형편에서도 기꺼이 헌금할 때 어떤 결과가 나타나는가? (고후 9:10)

적용

1. 이 과에서 당신에게 가장 의미 있는 것은 무엇인가?

2. 당신이 가장 소중히 여기는 소유물들을 적어 보라. 기도하면서 그 소유물들을 하나님께 드리라. 그리고 그 소유물이 하나님의 것임을 나타내기 위해 어떤 행동을 할 것인지 적어 보라.

소유물	시인하는 행동

3. 이 과에서 배운 내용에 순종한다면 다음 영역에서 구체적으로 어떤 일을 실행하겠는가?

(1) 당신이 처한 환경 :

(2) 헌금과 후원 :

(3) 소외된 이웃(탈북자, 외국인 노동자) :

외울 말씀 마태복음 6:33
그런즉 너희는 먼저 그의 나라와 그의 의를 구하라 그리하면 이 모든 것을 너희에게 더하시리라

읽을 말씀 로마서 11-12장

MEMO